ALLOCUTION

Prononcée au Mariage de M. CHARLES GONET

Directeur d'assurances au Havre

et de Mlle MARIE DELALONDE

DANS L'ÉGLISE MÉTROPOLITAINE DE ROUEN, LE 21 MAI 1890

Par M. l'Abbé DELALONDE

Vicaire général honoraire
Doyen honoraire de la Faculté de Théologie de Rouen

Allocution

PRONONCÉE PAR M. L'ABBÉ DELALONDE

A chère Enfant, il y aura bientôt vingt et un ans, deux fiancés se présentaient dans cette insigne Cathédrale, pour contracter devant la Sainte Eglise et faire bénir par Elle leurs mutuels engagements. L'année suivante, dans cette même basilique, le prêtre qui avait consacré leur union était appelé à régénérer sur les fonts du baptême le premier fruit d'un amour qui devait être chastement fécond. Cette enfant, c'était vous, ma chère Marie, et aujourd'hui, à ce même prêtre, votre oncle et parrain, vous venez demander, grâce à une concession dont je remercie mon cher ami, notre vénérable archiprêtre, vous venez, dis-je, demander à votre tour une bénédiction, dans le grand acte sacramentel qui va vous ouvrir une nouvelle vie. Que d'événements, dans ces vingt années de votre jeune existence, ma chère Enfant, et sans nous arrêter aux crises violentes, aux perturbations profondes qui ont changé la face de la société, en considérant seulement les vicissitudes de votre vie de famille, combien justement nous pouvons dire avec Bossuet : « Quel état et quel état » ! Douces et pures joies du foyer domestique qui allégiez tant d'épreuves et de soucis, vous avez disparu, comme des fleurs qui tombent sous un vent brûlant! L'année même de votre première communion, ma chère Enfant, c'est-à-dire l'année qui fut marquée par une dernière satisfaction sans mélange, il y eut une grande douleur : l'ange de la mort passa, laissant une maison sans chef, une jeune mère éplorée sans époux, six petits enfants sans père.

Pourquoi évoquer ces tristes images au milieu d'une fête nuptiale? Mais comment les chasser, puisqu'elles s'imposent à nos souvenirs, et que, dans leur tristesse même, elles provoquent la reconnaissance et l'amour? Comment, en effet, ma chère Enfant, ne pas remercier Dieu de vous avoir fait grandir sous l'aile d'une mère, dont le veuvage si noblement porté semble avoir accru des tendresses et des sollicitudes qu'on égalera difficilement, qu'on ne surpassera jamais? Comment ne pas remercier Dieu de vous avoir conservé ce bon et dévoué grand-père qui remplace en ce jour, et, nous l'espérons, continuera longtemps encore de remplacer le père qui eût été heureux et fier de vous conduire au pied des autels? Comment ne pas remercier Dieu de vous avoir conservé cette chère et digne grand'mère, qui vous tint sur les fonts sacrés, et dont l'âme sensible sait toujours s'oublier pour ses enfants? Enfin, pourquoi ne le dirai-je pas, puisque nous devons voir dans les événements l'action d'une Providence paternelle, comment ne pas remercier

Dieu qui daigne vous ouvrir, en ce jour, des perspectives si rassurantes, des espérances si légitimement fondées? Celui qui va tout à l'heure mettre votre main dans la sienne, et, par cette chaste étreinte, figurer le don mutuel que vous vous faites l'un de l'autre, il n'est plus pour vous un inconnu; vous pouvez dire : « Je sais à qui je me confie », *Scio cui credidi*. Vous connaissez sa vie sérieuse et honorable, ses sentiments élevés et délicats, ses convictions et ses habitudes chrétiennes. Vous savez de quels égards, de quel amour il a entouré sa vertueuse et excellente mère dans son isolement et son veuvage. Remerciez donc, ma chère Enfant, l'auteur de tout bien de ce qu'il nous dédommage d'une séparation toujours pénible par les garanties qu'il nous donne de votre bonheur conjugal. Vous pouvez voir dans cette union si inopinément préparée l'effet des prières que votre père adresse pour les siens dans une vie meilleure, une première consolation donnée à votre mère, en récompense de ses devoirs si chrétiennement accomplis.

N'oubliez pas toutefois que bienfait oblige : envers Dieu d'abord, car s'il vous élève à la dignité d'épouse, c'est parce qu'il attend de vous une fidélité inviolable à son service; fidélité d'autant plus facile que vous trouverez un appui où d'autres, trop souvent, hélas! ne rencontrent qu'un obstacle. Vous n'imiterez donc pas ces vierges folles dont la ferveur peu durable s'éteint dans les joies nuptiales, et qui oublient ou du moins négligent Dieu, au moment même où elles auraient le plus besoin de lui. Obligations envers votre époux; il devient votre chef, mais son empire, fondé sur la loi divine, n'aura rien de pénible pour vous, puisque, selon le précepte de l'Apôtre, ce sera l'empire de l'amour : *Viri, diligite uxores vestras.* Cet empire, d'ailleurs, vous le partagerez; vous serez une reine au foyer domestique, pour y faire régner l'ordre, la paix, l'activité calme et féconde, la douce et aimable sérénité. Enfin, obligations envers la nouvelle mère que vous procure votre alliance : en échange du trésor qu'elle vous abandonne pour la plus

large part, vous lui porterez le respect, la défé-
rence, les attentions délicates, et vous trouverez
dans l'accomplissement de tous ces devoirs une
nouvelle source de jouissances. Pour nous, ma
chère Enfant, qui vous voyons partir, non sans
regrets mais sans alarmes, nous vous aimons
assez pour trouver notre consolation dans votre
bonheur, et si nous vous rappelons vos devoirs,
c'est dans l'intérêt de ce bonheur même. Ainsi
pensaient et parlaient les pieux parents de Sara,
en la confiant au jeune Tobie, et nous n'avons
fait que présenter sous une autre forme les pré-
cieux conseils qu'ils donnaient à leur fille au moment de son départ, conseils qui sont de tous les
temps, parce que les devoirs domestiques sont
toujours et partout les mêmes.

Et vous, cher Monsieur, à qui nous pourrons
désormais donner un nom plus intime et plus
doux, vous avez droit aussi à notre parole
spéciale, avant que ce discours prenne fin. Vous
n'ignorez pas avec quelle confiance toute une famille vous remet le premier objet de ses affec-

tions. Cette fleur tendre et délicate, nous ne craignons pas de le dire, elle est digne de la main qui la cueille; à l'ombre de la vigilance maternelle, pas un contact, pas un souffle n'a effleuré sa candeur virginale. Recevez-la, tremblante d'émotion dans sa grâce pudique; soutenez sa faiblesse, guidez son inexpérience, et marchez ensemble désormais dans la foi et dans l'amour. S'il nous est permis de résumer en un mot les vœux que nous formons pour vous deux, nous vous souhaitons, non pas plus de bonheur intime que n'en goûtèrent les parents de cette enfant, mais un bonheur plus durable.

C'est là, chers Époux, un des effets du mariage chrétien, bien qu'il ait des fins plus essentielles et plus hautes. Si, à notre époque, la société domestique recèle tant de déceptions, subit tant de déchéances lamentables, c'est que la vraie notion du mariage s'altère de plus en plus sous la double influence des lois et des mœurs. Disons-le bien haut : le mariage n'est point l'œuvre de l'homme, voilà pourquoi l'homme n'a pas le droit de séparer ce que Dieu a uni. Telle fut la loi primordiale du premier et du plus sacré des contrats; il nous apparaît aux premières heures de l'humanité, avec le double caractère de l'unité et de l'indissolubilité. Quand le Christ vint réparer toutes choses, il ne se contenta pas de rétablir dans sa pureté primitive l'union de l'homme et de la femme, il l'éleva à la dignité sublime de Sacrement, c'est-à-dire d'une chose sainte produisant la grâce qu'elle signifie. Voilà votre honneur, chers Époux; par cela même que vous êtes chrétiens, votre contrat est un Sacrement. O grandeur admirable de l'époux qui représente Jésus-Christ! O grâce incomparable de l'épouse qui représente l'Église! O sainte et féconde union qui produit des élus pour le ciel en même temps que des citoyens pour la terre! Puisse, ô mon Dieu, le *Sacrement* proclamé *grand* par votre Apôtre opérer tous ses effets dans ce couple qui nous est si cher, puissent les prières de cette sympathique et chrétienne assistance de parents et d'amis, rehaussée par la présence honorable de nos confrères dans le Sacerdoce, puissent ces prières s'unir aux prières de l'Église et à la vertu de l'auguste Sacrifice ; que ce concert unanime soit comme l'écho de celui des anges et un avant-goût de la céleste immortalité.

Ainsi soit-il.